Inhalt

Alternativen des Forderungsmanagements

Kernthesen

Beitrag

Fallbeispiele

Weiterführende Literatur

Impressum

Alternativen des Forderungsmanagement

G. Dengl

Kernthesen

- Beim Forderungsmanagement zeigt sich eine immer stärkere Professionalisierung. Interne Mahnabteilungen werden zunehmend von Factoring-Instituten unterstützt, die sich um die Beitreibung einzelnern Forderungen kümmern.
- Wenn der Forderungsausfall vom Einzel- zum Regelfall wird, dann geht die Tendenz dahin, diese Funktion komplett auszulagern. Neue Anbieter, die sich auf die Forderungsrealisierung spezialisiert haben, drängen auf den Markt.
- Die Forderungsverbriefung über Collateralized Debt Obligations (CDO)

kommt für große Volumina in Frage, und ist deshalb lediglich für größere Unternehmen interessant.

Beitrag

In Zeiten sinkender Zahlungsmoral und steigenden Insolvenzquoten wundert es nicht, dass das Thema Forderungsmanagement gerade seit dem letzten Jahr wieder stark an Bedeutung gewonnen hat. Neben den zahlreichen Veranstaltungen der regionalen Industrie- und Handelskammern (2), die sich vor allem an kleine und mittelständische Unternehmen (KMU) richten, beschäftigen sich selbstverständlich auch Großunternehmen und Banken mit der Frage, wie notleidende Forderungen aufwandschonend und doch so vollständig wie möglich zu realisieren sind - kurz: die Frage nach einem effektiven Forderungsmanagement.
Wenn die Einbringlichkeit einer Forderung in Zweifel gerät, dann gilt es zunächst ein funktionierendes Debitorenmanagement umzusetzen, um zu retten, was noch zu retten ist. Dazu gehört die Überwachung aller Rechnungsfälligkeiten, die regelmäßige Bonitätsprüfung der Kunden sowie vor allem systematische Mahnungen. (6), (3)
Ein wesentlicher Erfolgsfaktor für das Forderungsmanagement besteht jedoch in der

realistischen Abwägung von Chancen und Risiken, d.h. in der Frage wie viele Ressourcen der Gläubiger aufwenden kann und will um eine Forderung einzutreiben. Welche Alternativen hierfür in Frage kommen, zeigt dieses Summary.

Gefahren nicht konsequent betriebenen Forderungsmanagements

Als Faustregel gilt, dass es etwa des Zehn- bis Zwanzigfachen des Umsatzes bedarf, um einen Euro an nicht eintreibbaren Forderungen auszugleichen. (7) Im Einzelnen stellen sich aber darüber hinaus noch folgende Gefahren eines nicht konsequent betriebenen Forderungsmanagements:
1) Das Unternehmen, das seinen Kunden zu lange Zahlungsziele setzt, riskiert, früher oder später auf Grund der fehlenden Liquidität selbst in Zahlungsnot zu kommen. Die Banalität dieser Erkenntnis steht im Widerspruch zum Verhalten vieler Unternehmen, die die Bedeutung einer konsequenten und zeitnahen Realisierung eigener Forderungen immer noch nicht erkennen. Dabei ist bekannt, dass der häufigste Grund für Insolvenzen gerade bei KMU in ausstehenden Forderungen besteht. (3)

2) Weil nicht einbringliche Kredite auf das Rating der Banken drücken, stellen sich Unternehmen, die zwar volle Auftragsbücher haben, aber ihre Forderungen nicht konsequent eintreiben, bei der eigenen Kreditaufnahme gegenüber Banken schlechter. Diese wissen aus langjähriger Erfahrung, dass gerade nicht eingetriebene Forderungen letztlich gesunde Unternehmen in die Insolvenz treiben. (7)

Factoring

Beim Factoring werden ausstehende Forderungen verkauft. Beim echten Factoring übernimmt der Käufer, Factor genannt, damit auch gleichzeitig das Risiko des Forderungsausfalles, beim unechten Factoring übernimmt der Käufer (meist ein Kreditinstitut) dagegen lediglich die "Zwischenfinanzierung", für den Fall des Forderungsausfalls gibt es aber keine Absicherung. Der Nutzen: Innerhalb einer Woche befinden sich etwa 90% der ausstehenden Forderungen beim Unternehmen.
Die Kosten (Zinsabschlag und Factoringgebühr; insgesamt zwischen sechs und zehn Prozent der Forderungssumme) dieser bequemen Möglichkeit der Forderungsabtretung müssen allerdings genau gegen den Mehrwert des Liquiditätsgewinns abgewogen

werden. (3), (6)
Darüber hinaus steigen die meisten Factoring-Institute erst ab einem Volumen von ca. einer Million Euro pro säumigem Schuldner ein, das macht diesen Weg nicht gangbar für ein Unternehmen, das mehrere darunter liegenden Forderungen bei verschiedenen Kunden hat. (10)
Das Factoring, das ein zunehmend besseres Image im Wirtschaftsleben erfährt, ist auch im Volumen stark gewachsen. Verbandsangaben zufolge werden mehr als vier Milliarden Euro jährlich von den Factoring-Instituten in den Wirtschaftskreislauf zurückgeführt. (10)

Kreditversicherung

Die Kreditversicherung (auch Warenkreditversicherung) bietet sich gerade für KMU an, die in der Regel mit kleinvolumigen Forderungen für die Factoring-Institute nicht interessant sind. Der Kreditversicherer prüft im Vorfeld die Bonität der Kunden, eine wertvolle Dienstleistung, die von den Gläubiger-Unternehmen aus Mangel an Erfahrung und Kapazität in der Regel nicht selbst durchgeführt werden kann.
Die Kreditversicherung eignet sich, anders als das Factoring, nicht zur nachträglichen

Schadenbegrenzung, denn sie muss noch vor der Lieferung abgeschlossen werden. Im Vergleich zum Factoring kommt sie jedoch verhältnismäßig günstig. Abhängig von der Höhe der Forderungsausfälle in den vergangenen Jahren, der vereinbarten Zahlungsziele, des Debitorenmanagement des Versicherungsnehmers und der Länder, in denen die Kunden ansässig sind, fängt der Prämienfaktor in etwa bei rund 0,2 Prozent der zu versichernden Summe an. (10)

Wenn nichts mehr geht: Insolvenzverfahren oder außergerichtlicher Vergleich

Wenn die Forderung unter keinen Umständen mehr vollständig realisiert werden kann, dann bleiben letztendlich nur noch die Stundung der Forderung oder der (teilweise) Verzicht (ggf. mit Besserungsschein) oder einer Mischform daraus. In der Regel stehen die Gläubiger nach einem außergerichtlichen Vergleich besser da, als im Falle des Insolvenzverfahrens. Der Nachteil liegt darin, dass ausnahmslos alle Gläubiger zustimmen müssen, was kurzfristig oft schwer zu erreichen ist. (3) Gerade für Banken erwächst in diesem

Zusammenhang ein immer größerer Problemkreis aus dem Verfahren der Verbraucherinsolvenz, das seit 1. Januar 1999 in Kraft ist. Immer mehr Novellierungen zeigen, dass die Lösung des Überschuldungsproblems beim Verbraucher noch immer nicht zu einem interessengerechten Ergebnis für alle Beteiligten geführt hat. Das Gesetz hat sich bislang als wenig praktikabel sondern eher als kosten- und arbeitsintensiv für Gläubiger, Schuldner und Gerichte erwiesen. (12) Eine außergerichtliche Einigung ist auch hier in den allermeisten Fällen zielführender.

Forderungsverbriefung via Collaterized Debt Obligations (CDO)

Collaterized Debt Obligations (CDO) sind eine spezifische Form der Asset Backed Securities (ABS). Auch bei den CDOs handelt es sich um mit Vermögenswerten gedeckte Wertpapiere, bei denen Zins- und Tilgungszahlungen aus der Rückzahlung der ausstehenden Forderungen geleistet werden. Dem Käufer von CDOs ist das tendenziell höhere Risiko, z.B. aus dem Ausfall der Forderung bekannt, und er lässt es sich dementsprechend verzinsen.

Fallbeispiele

1) Forderungsmanagement gewinnt bei der Norisbank an Bedeutung

Die Deutsche Bankenwelt befindet sich aus verschiedenen Gründen im Umbruch. Dies hat auch weitreichende Folgen für die Spezialisierung entlang der Wertschöpfungskette. Die Norisbank versteht zukünftig, neben anderen Funktionen, vor allem das Forderungsmanagement als zukünftige Kernkompetenz. (9)

2) Benchmark Debitel

Debitel schafft es via Outsourcing des Forderungsmanagements Traumquoten bei den Forderungsausfällen von unter 1% (Branchendurchschnitt: ca. 2-4%) zu realisieren. Diese Quote kann sogar in den aktuellen konjunkturell

schwachen Zeiten gehalten werden.
Weil diese Kompetenz so stark weiterentwickelt wurde, könnte sie nun auch anderen Unternehmern angeboten werden. (7)

3) Forderungsmanagement auch im öffentlichen Bereich

Auch im öffentlichen Bereicht hält das professionelle Forderungsmanagement Einzug. Im Rahmen eines "15-Punkte-Programm" zur Konsolidierung des Kreishaushalts in den Jahren 2004 bis 2007 soll vor allem ein eigens aufzubauendes Forderungsmanagement wieder Geld in die Kasse bringen. Neben dem Betreiben fälliger Zahlungen, soll ganz gezielt auch die Leistungserschleichung im Sozialhilfebereich bekämpft werden. (14), (4)

Weiterführende Literatur

(1) Forderungsmanagement aus Anwaltssicht: nicht aussichtslos
aus Bank und Markt 02 vom 01.02.2004 Seite 029

(2) O. V., Außenstände eintreiben, Wiesbadener Kurier, Main-Taunus-Kurier vom 23.01.2004

aus Bank und Markt 02 vom 01.02.2004 Seite 029

(3) Handlungsalternativen
aus AUTOHAUS, Heft 23-24/2003, S. 26-27

(4) "Einen Anleitungskurs zum Flirten wird es nicht mehr geben" Mit dem Rückzug aus freiwilligen Leistungen und verstärkten Kontrollen bei der Sozialhilfe will der Kreis seinen Haushalt konsolidieren
aus Frankfurter Rundschau v. 18.02.2004, S.41, Ausgabe: R Region

(5) "Einer unserer Töpfe kocht immer"
aus Frankfurter Allgemeine Zeitung, 27.12.2003, Nr. 300, S. 15

(6) Selbsthilfe Eigenkapital wird zur wichtigsten Größe bei der Firmenfinanzierung. impulse sagt, wie Sie die Quote erhöhen können.
aus Impulse vom 01.02.2004, Seite 104

(7) Forderungsmanagement wird zum erfolgskritischen Faktor
aus Börsen-Zeitung, 15.01.2004, Nummer 9, Seite 10

(8) GFKL hält an Abit 48,8 Prozent
aus Börsen-Zeitung, 10.02.2004, Nummer 27, Seite 13

(9) Einsparungen ersetzen keine klar fokussierte Strategie
aus Börsen-Zeitung, 16.01.2004, Nummer 10, Seite 8

(10) Immer schön flüssig bleiben
aus Der Handel Nr.01 vom 30.12.2003 Seite 058

(11) Frankfurt Trust - Tiefenströmungen
aus Zeitschrift für das gesamte Kreditwesen Nr. 02 vom 15.01.2004 Seite 065

(12) Privatinsolvenz aus Bankensicht: schriftliches Verfahren stärken
aus Bank und Markt 02 vom 01.02.2004 Seite 017

(13) Investoren fassen faule Kredite mit spitzen Fingern an Daten der Banken zu Immobiliendarlehen noch zu intransparent aufbereitet - Gespräch mit Christof Scholl, Leiter Research bei Dr. Lübke
aus Börsen-Zeitung, 12.02.2004, Nummer 29, Seite 2

(14) Stellenabbau und Einschnitte bei sozialen Dienstleistungen
aus Frankfurter Allgemeine Zeitung, 18.02.2004, Nr. 41, S. 47

Impressum

Alternativen des Forderungsmanagements

Bibliografische Information der deutschen Nationalbibliothek

Die Deutsche Nationalbibliothek verzeichnet diese Publikation in der deutschen Nationalbibliografie; detaillierte bibliografische Daten sind im Internet über http://dnb.d-nb.de abrufbar.

ISBN: 978-3-7379-0425-4

© 2015 GBI-Genios Deutsche Wirtschaftsdatenbank GmbH, Freischützstraße 96, 81927 München, www.genios.de

Alle Rechte vorbehalten. Dieses Werk ist einschließlich aller seiner Teile – z.B. Texte, Tabellen und Grafiken - urheberrechtlich geschützt. Jede Verwertung außerhalb der Grenzen des Urheberrechtsgesetzes bedarf der vorherigen Zustimmung des Verlags. Dies gilt insbesondere auch für auszugsweise Nachdrucke, fotomechanische Vervielfältigungen (Fotokopie/Mikroskopie), Übersetzungen, Auswertungen durch Datenbanken oder ähnliche Einrichtungen und die Einspeicherung und Verarbeitung in elektronischen Systemen.